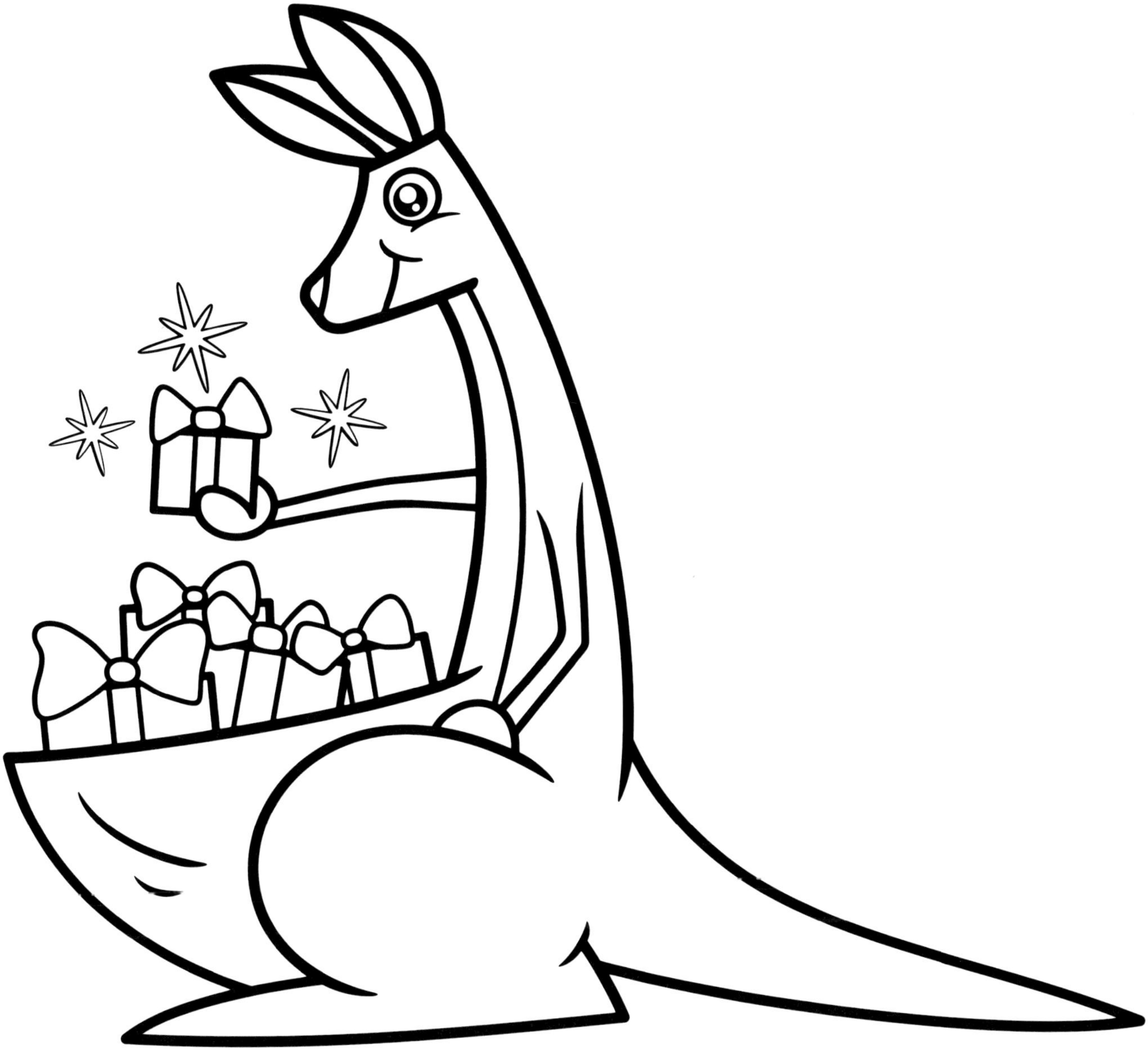

MW01538456

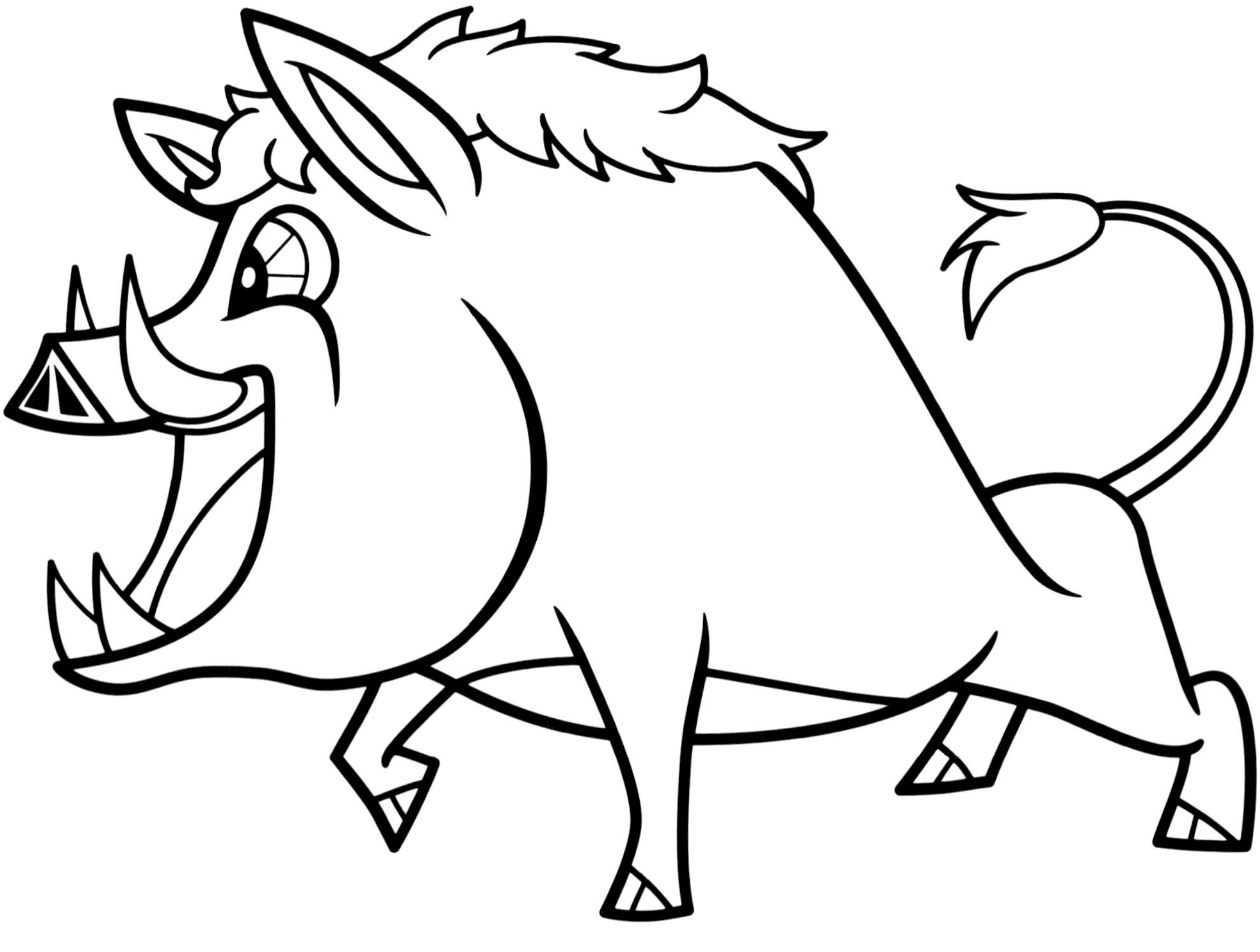

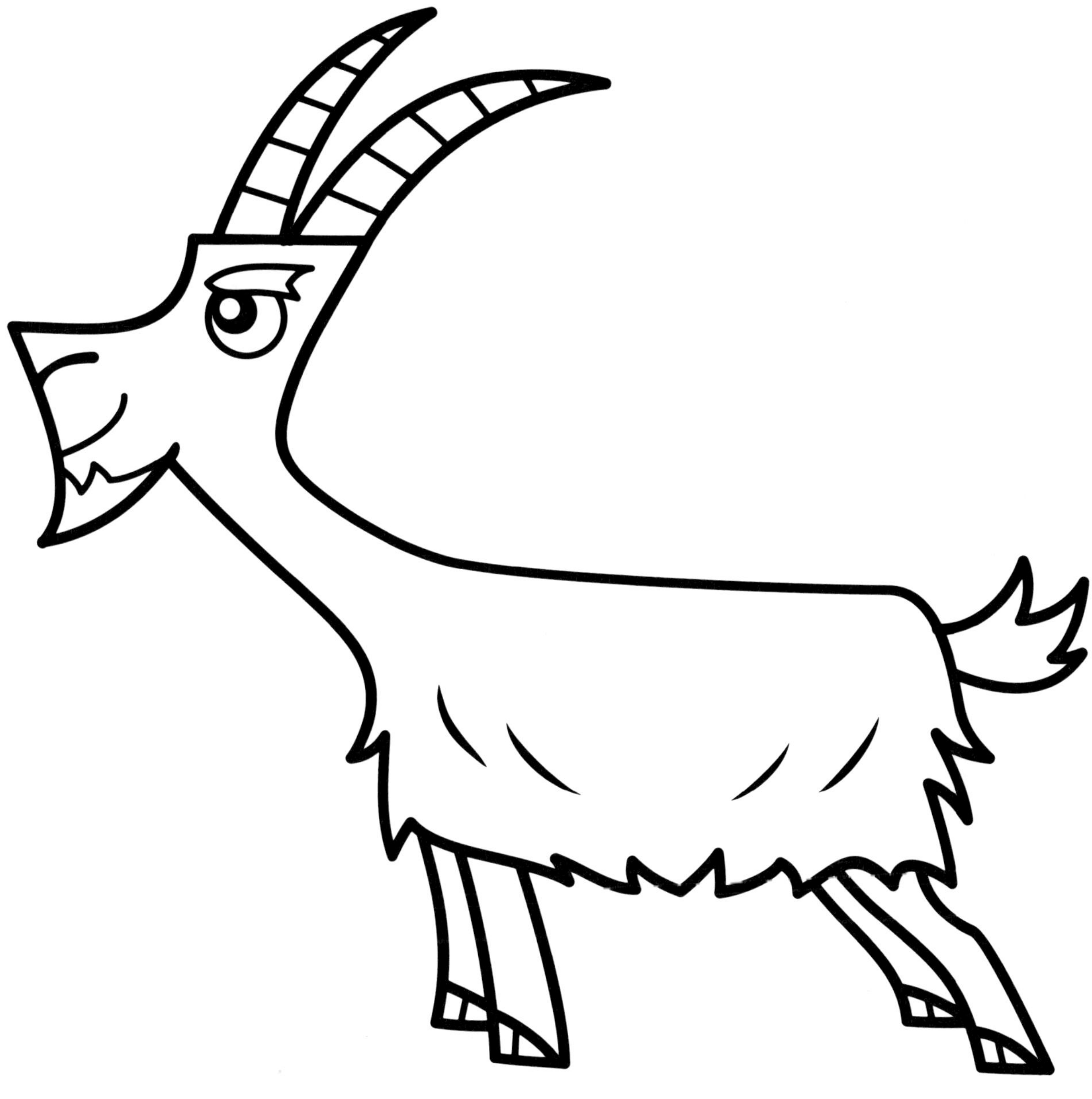

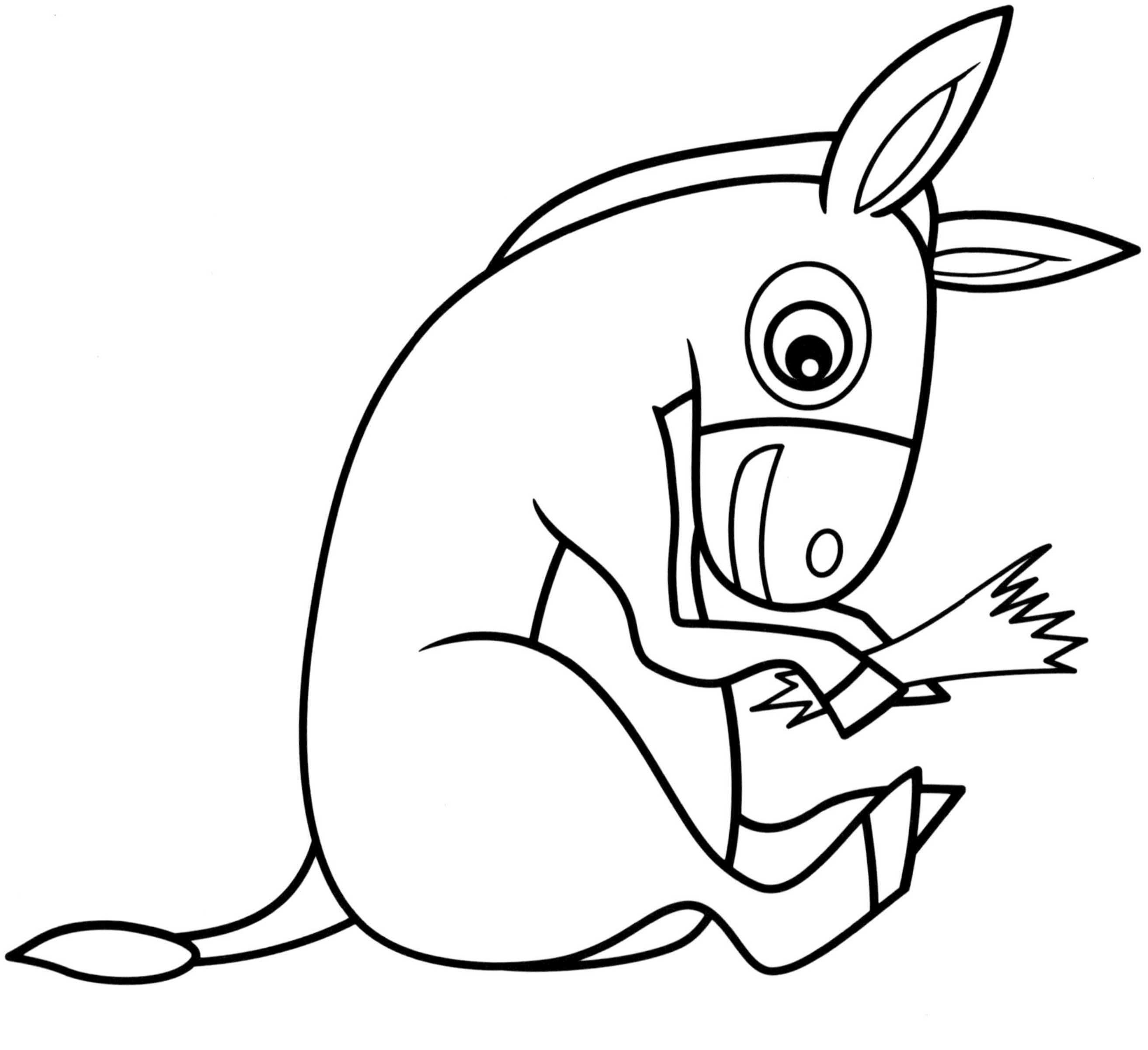

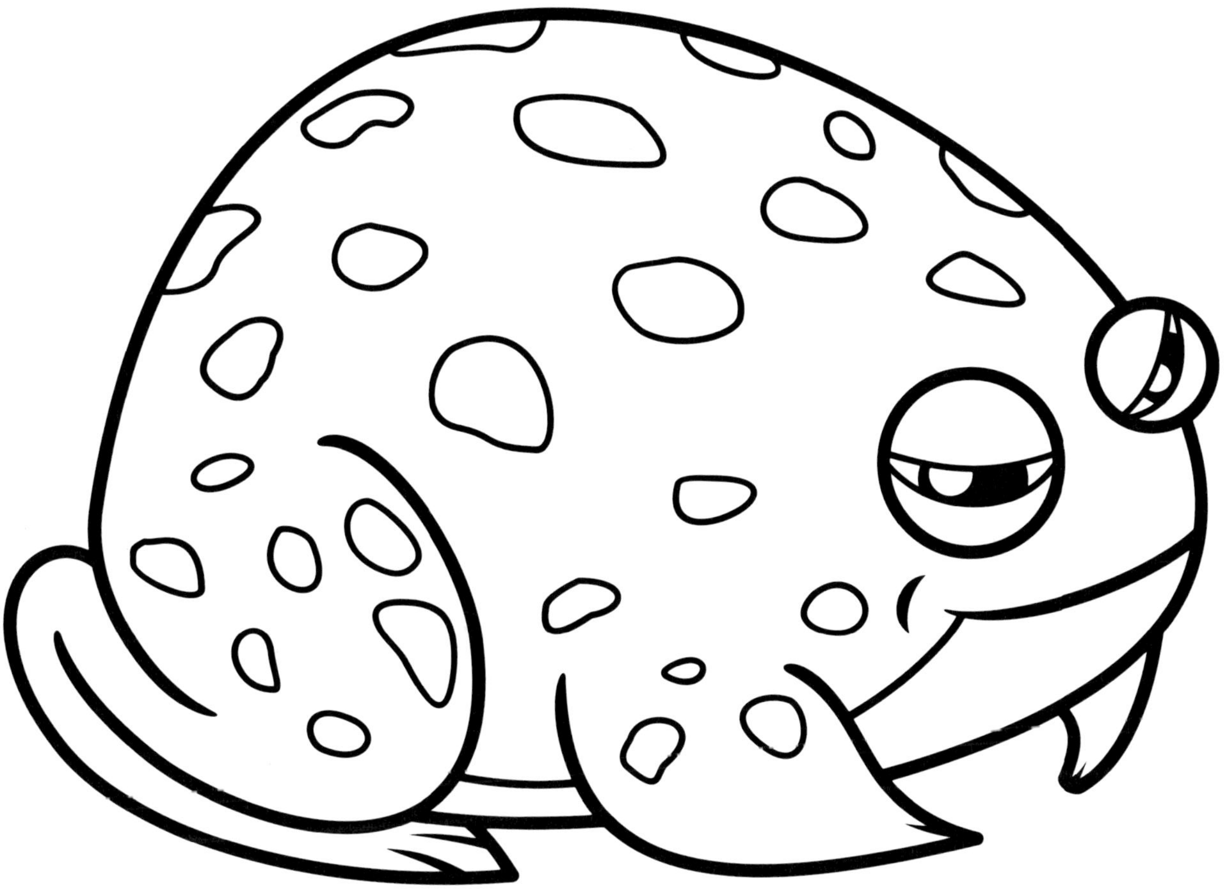

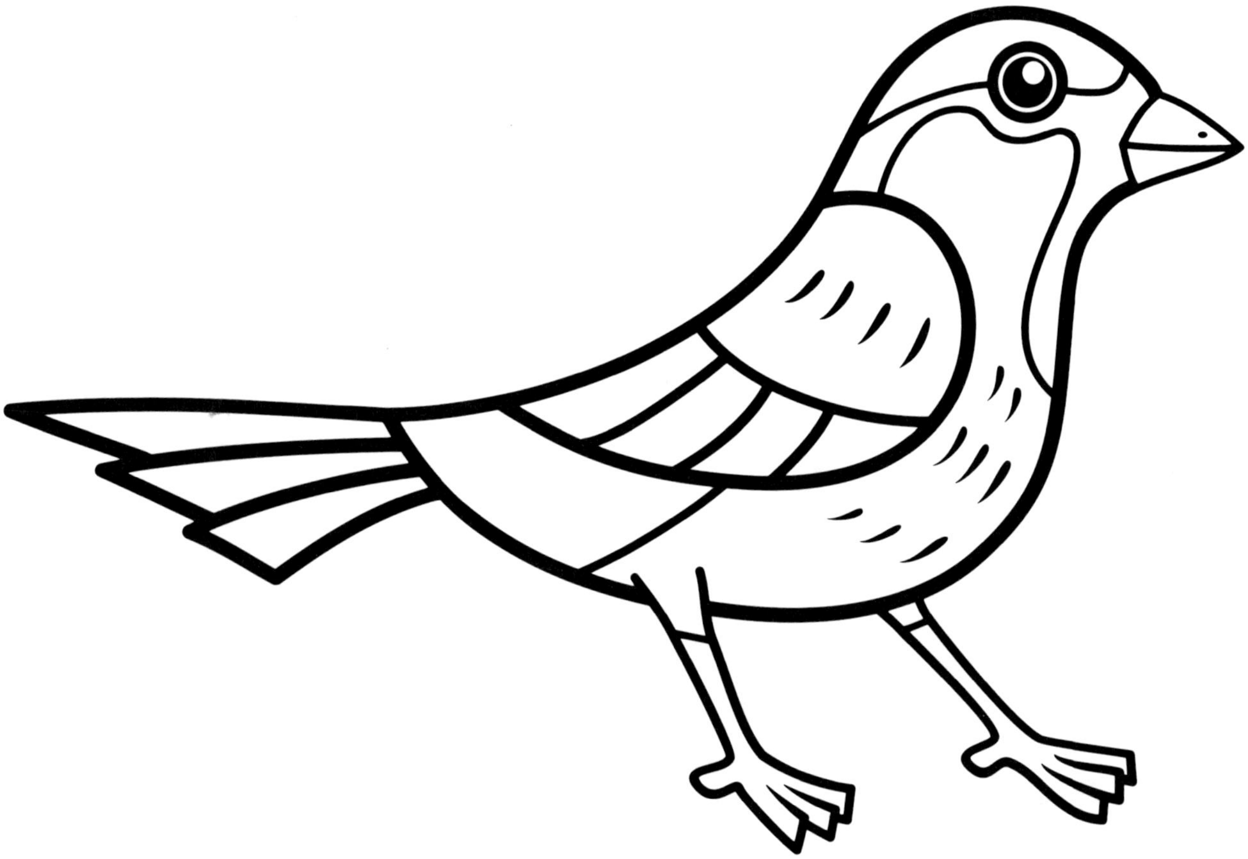

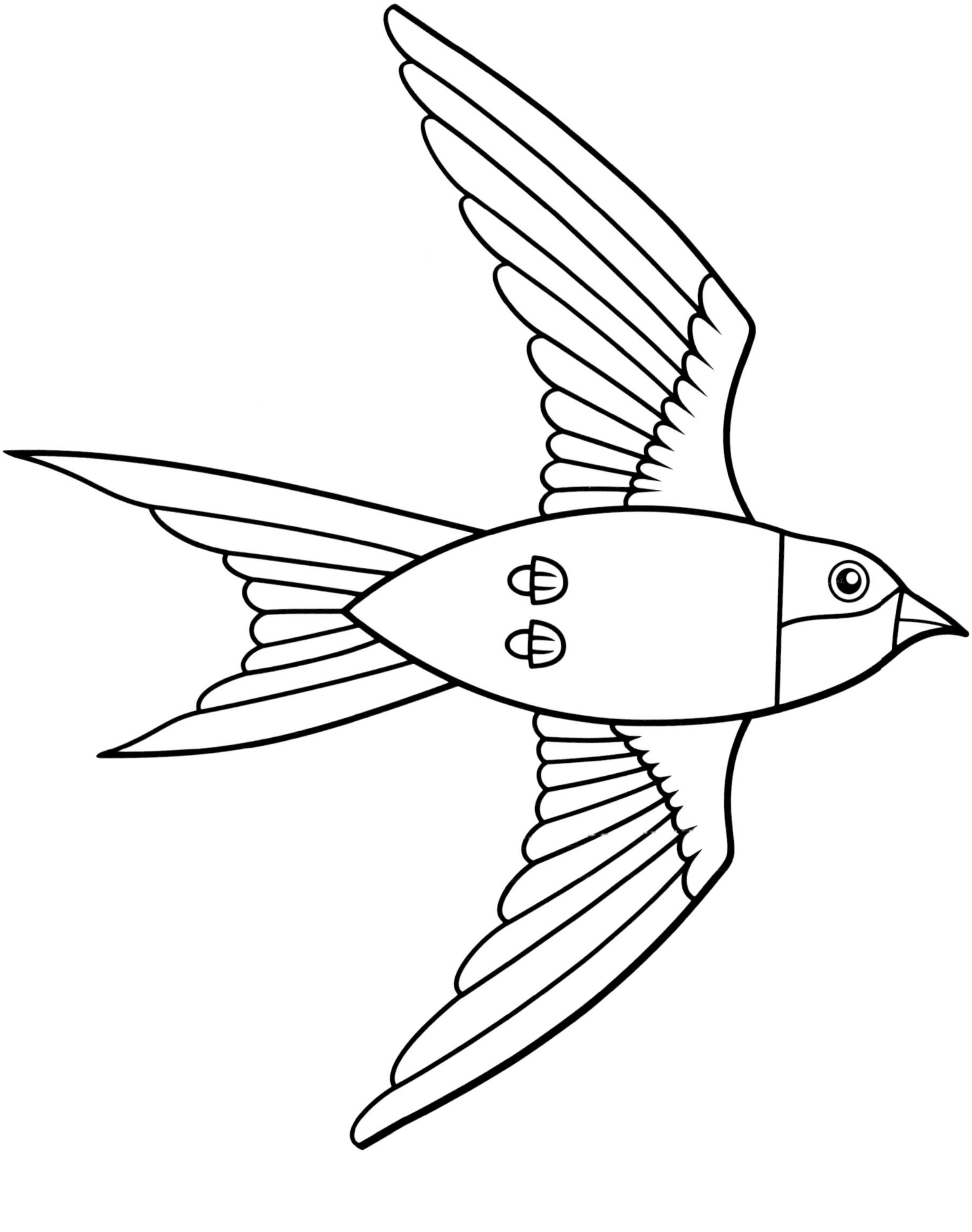

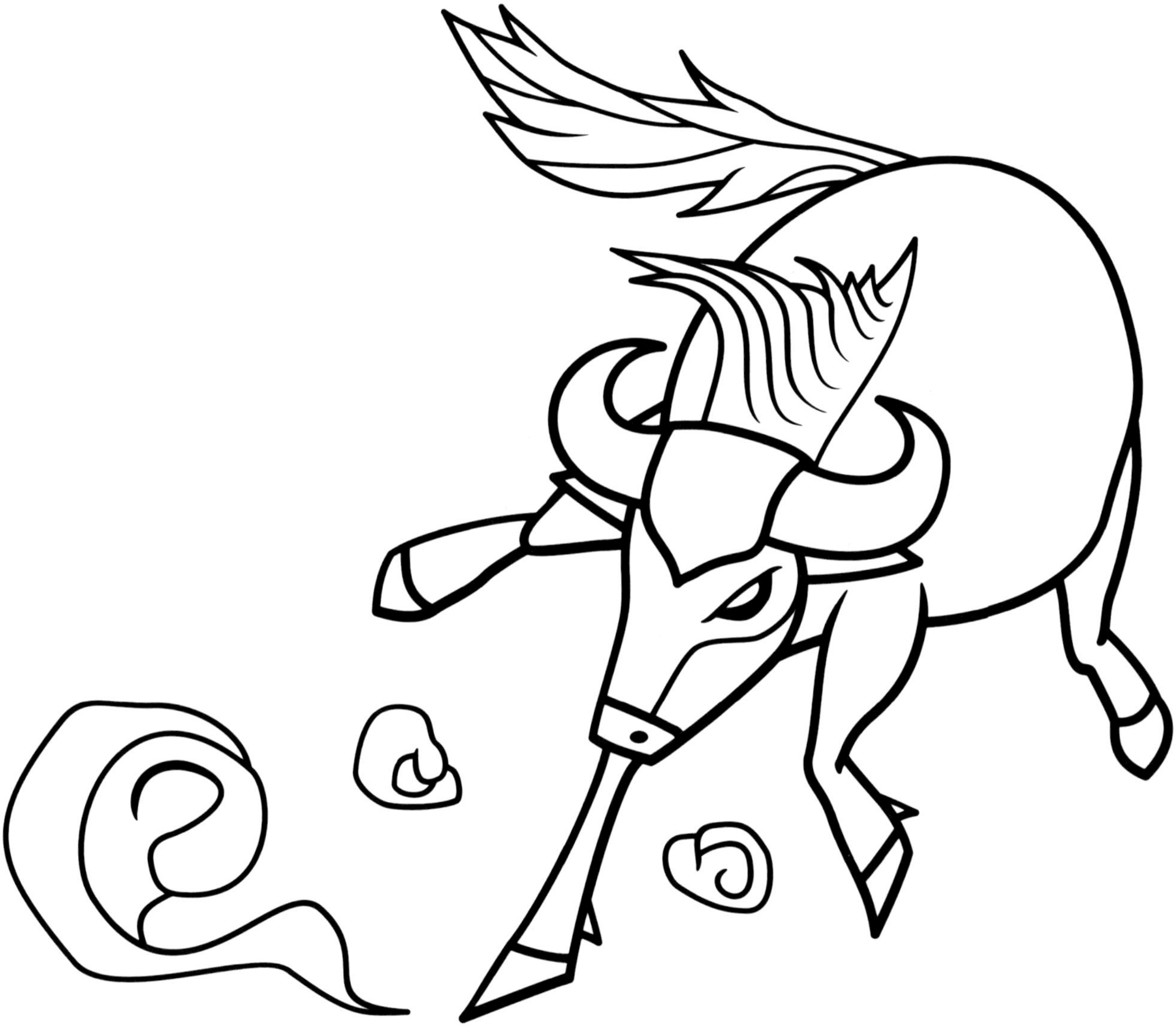

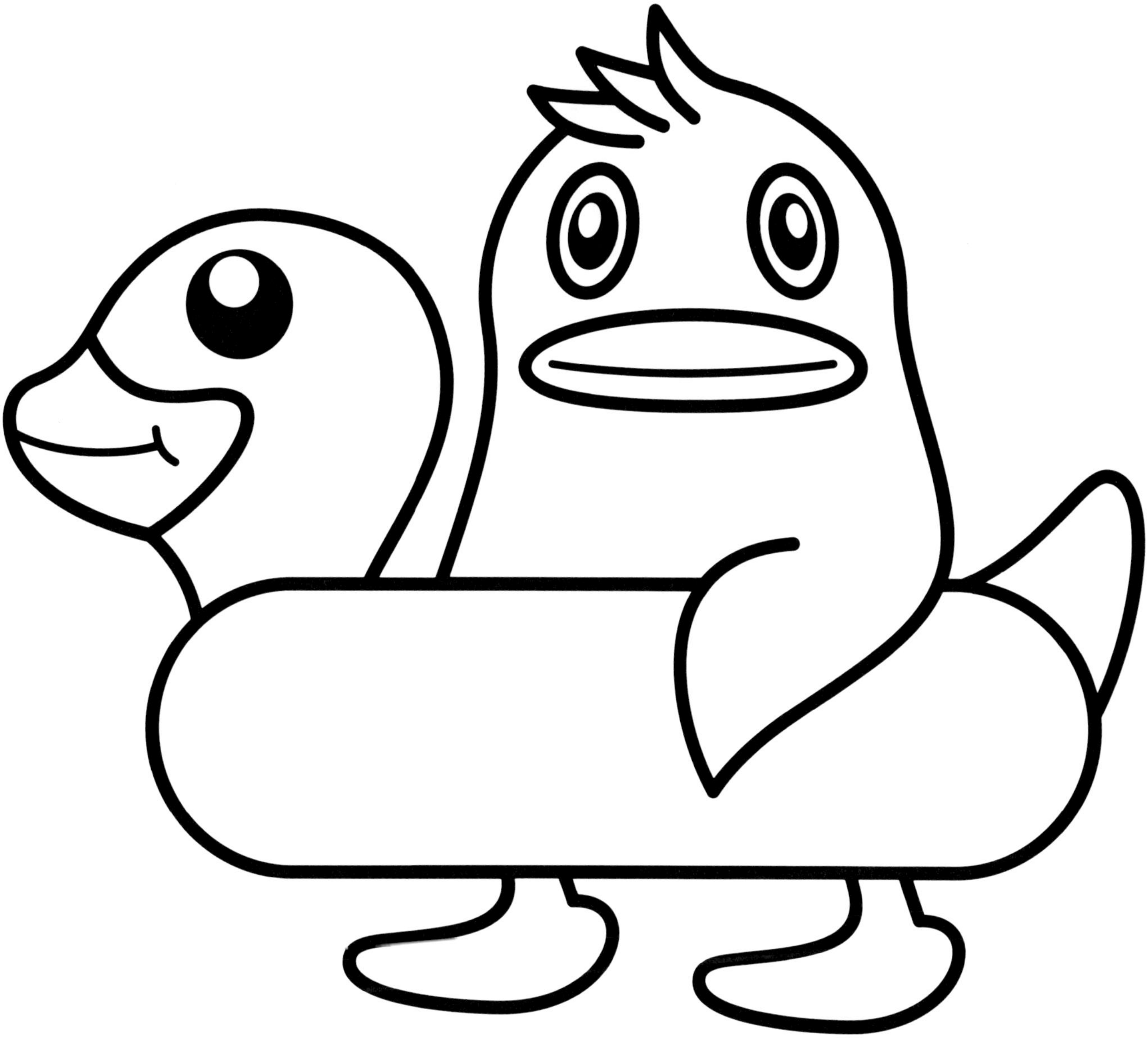

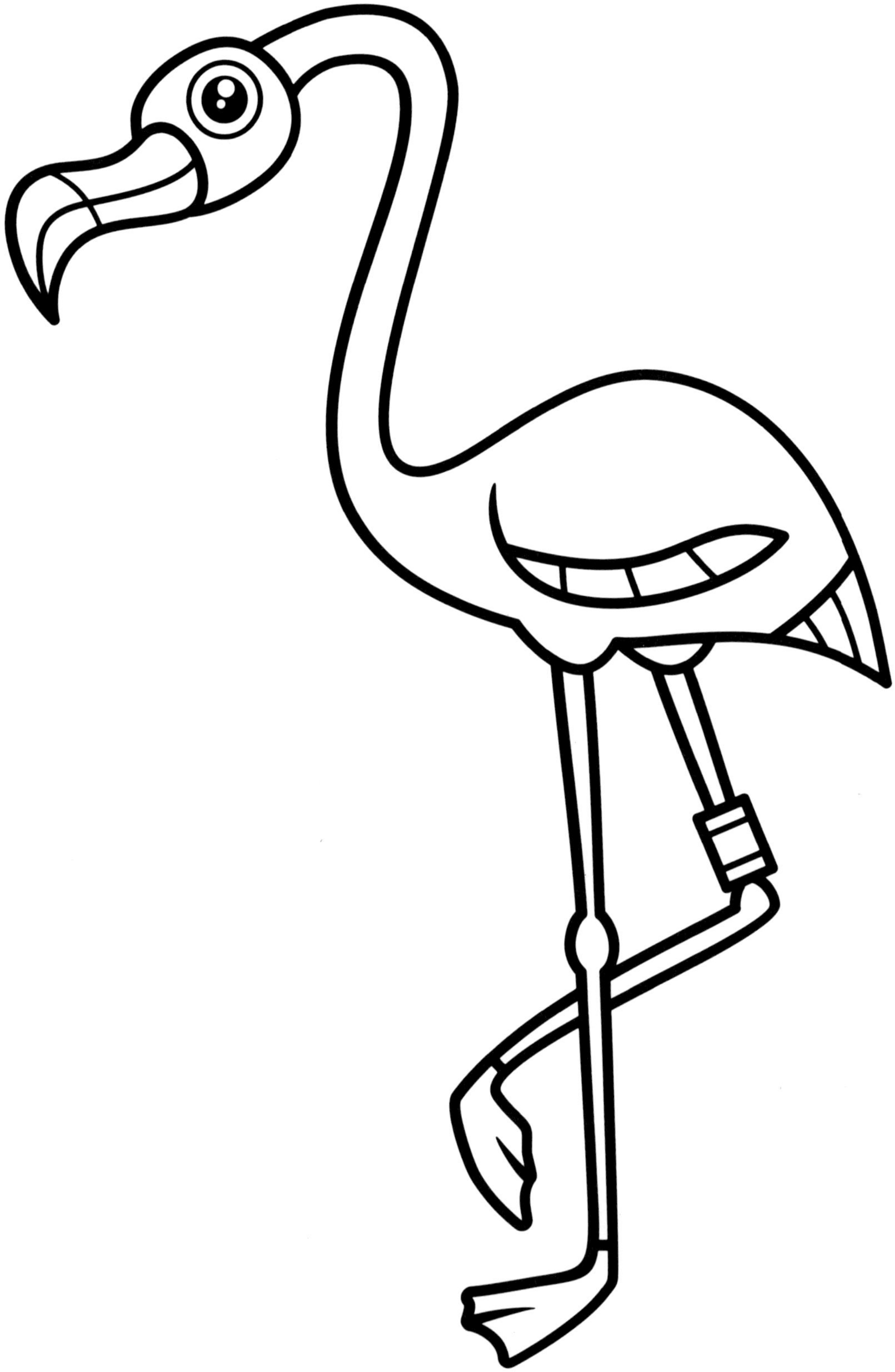

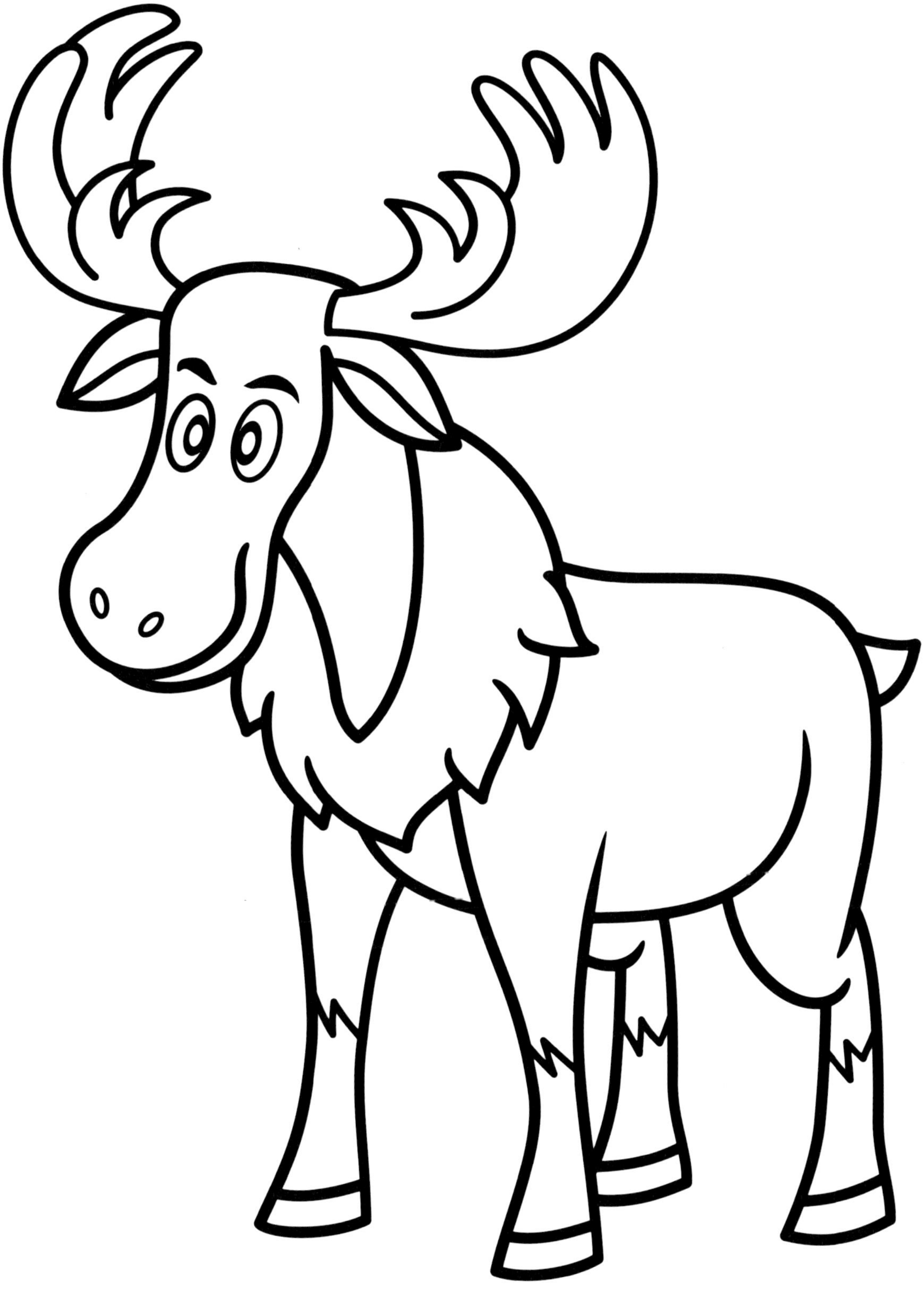

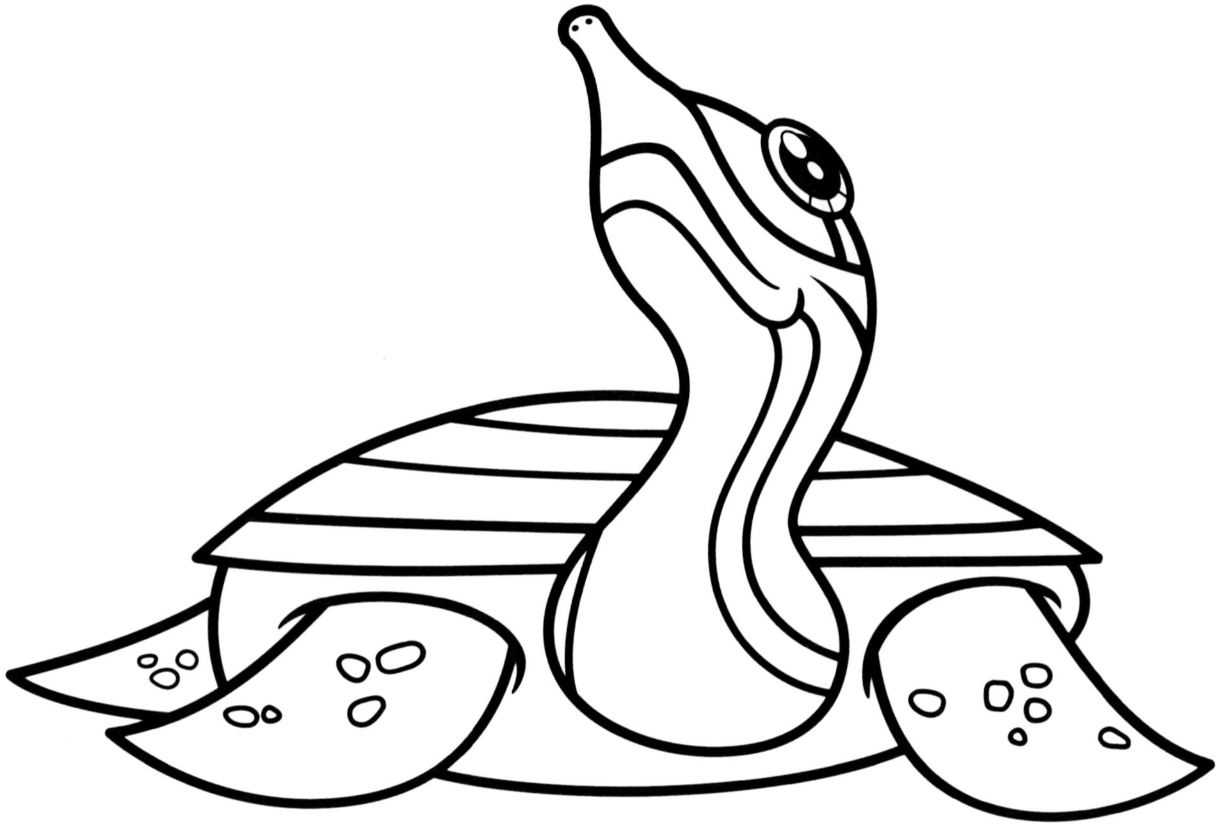

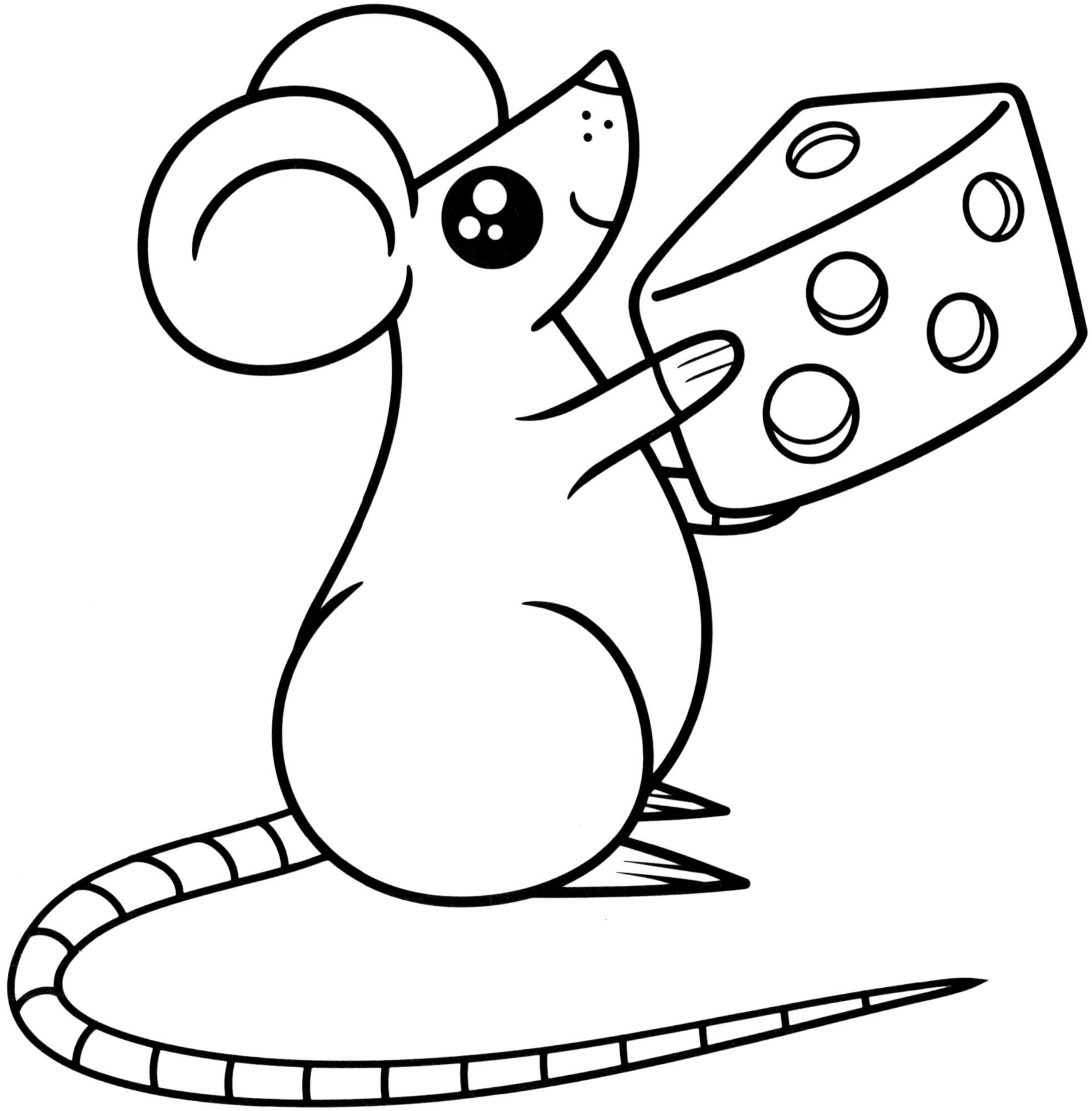

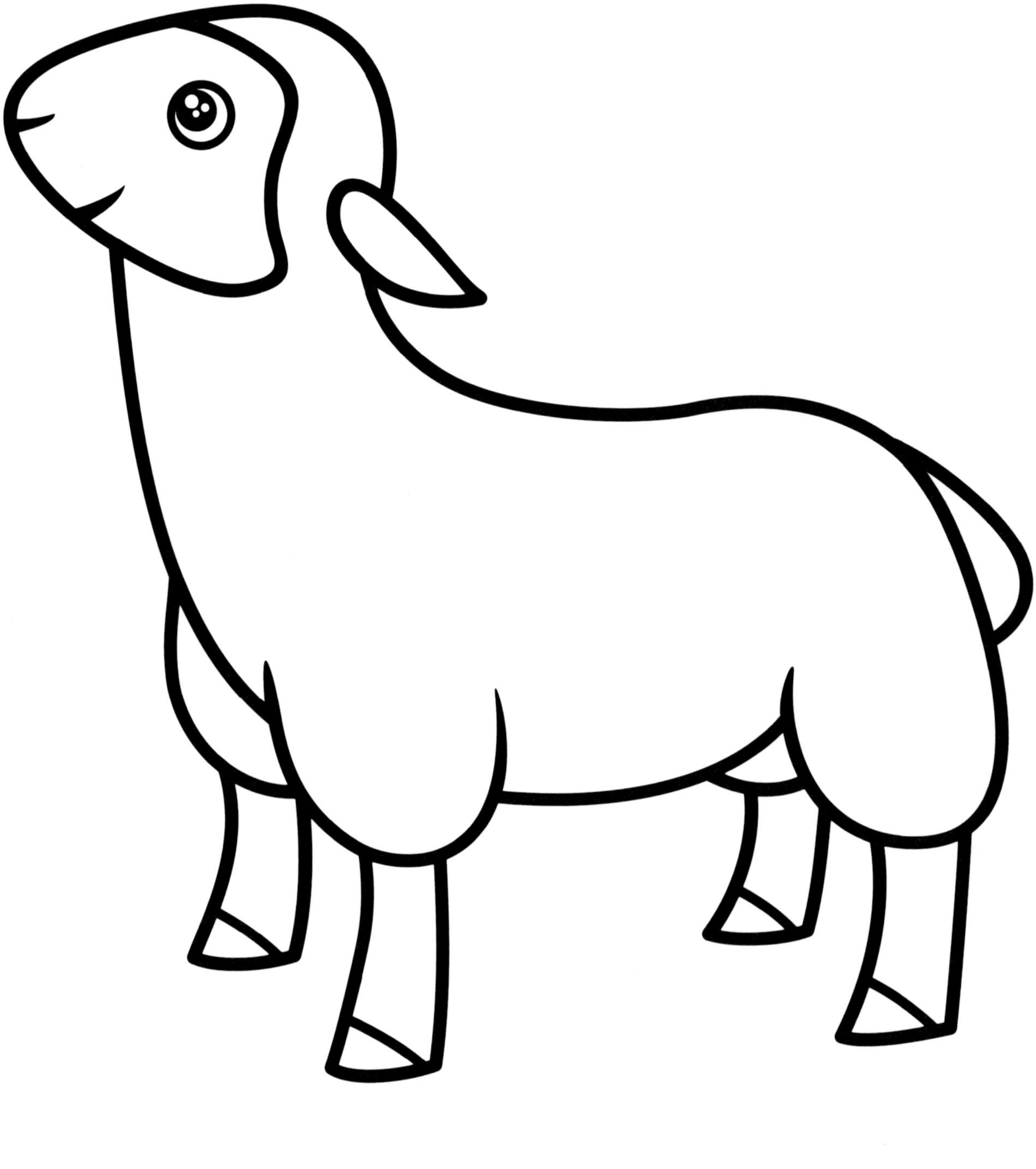

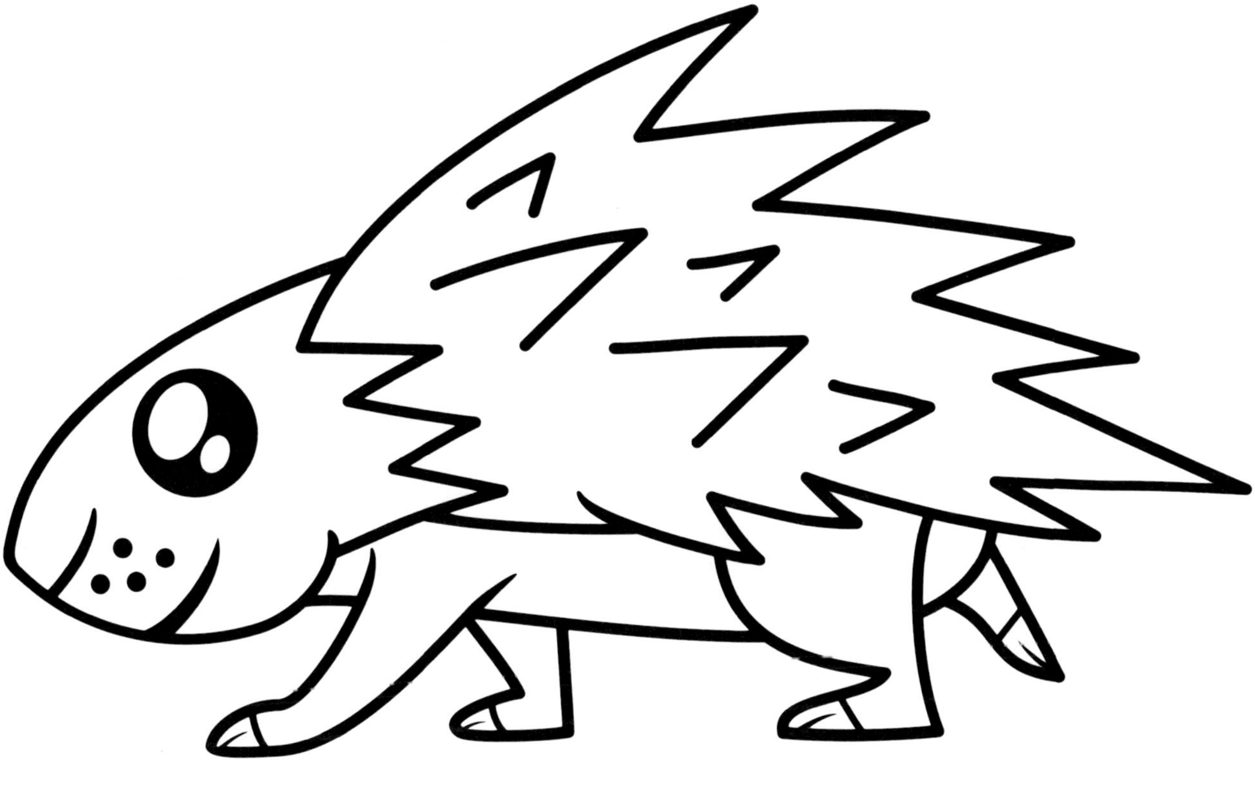

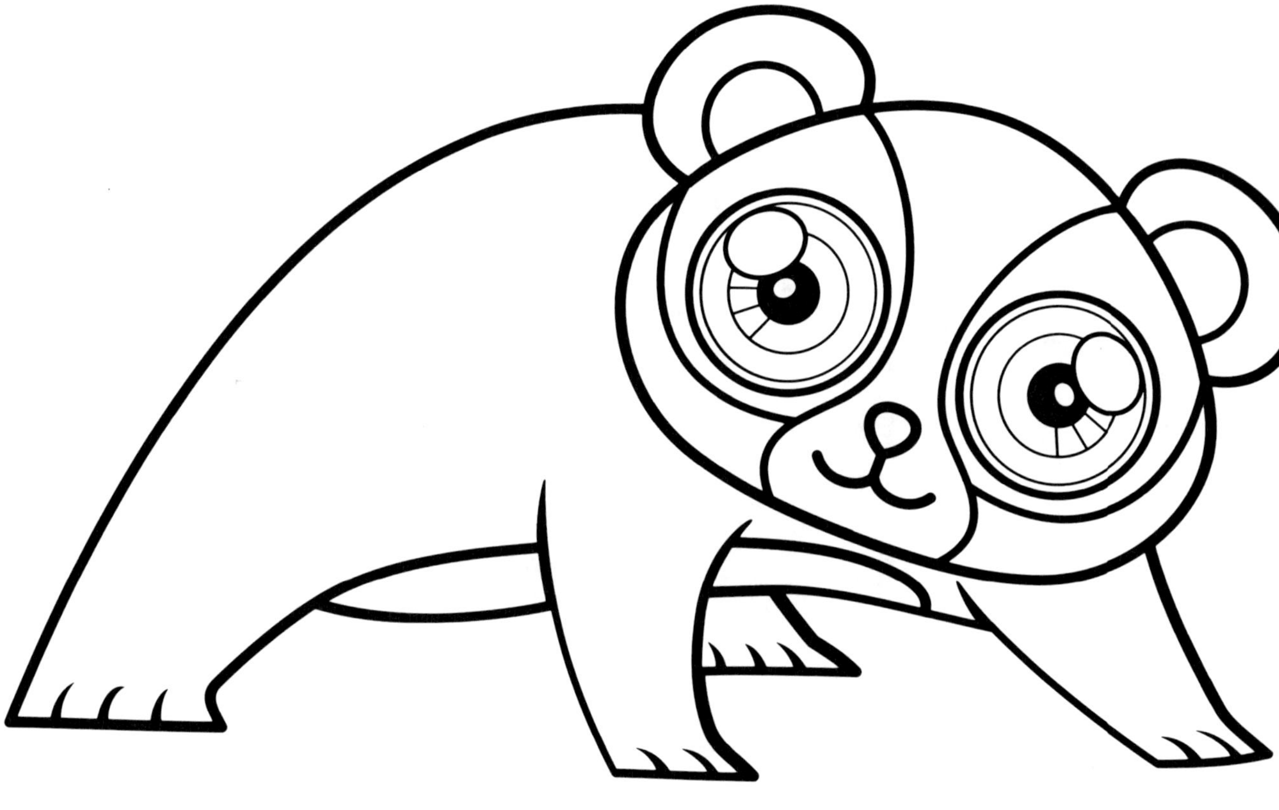

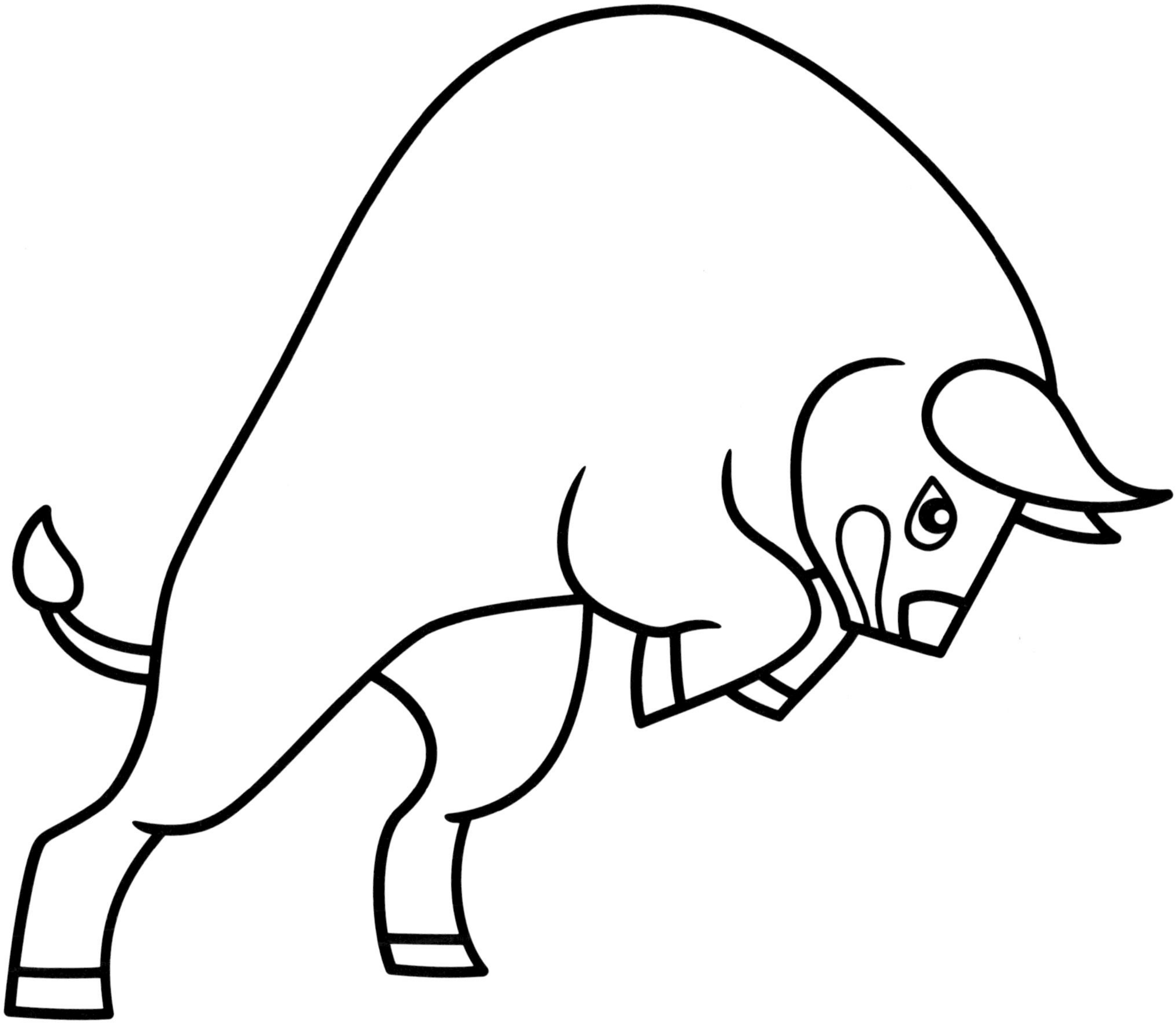

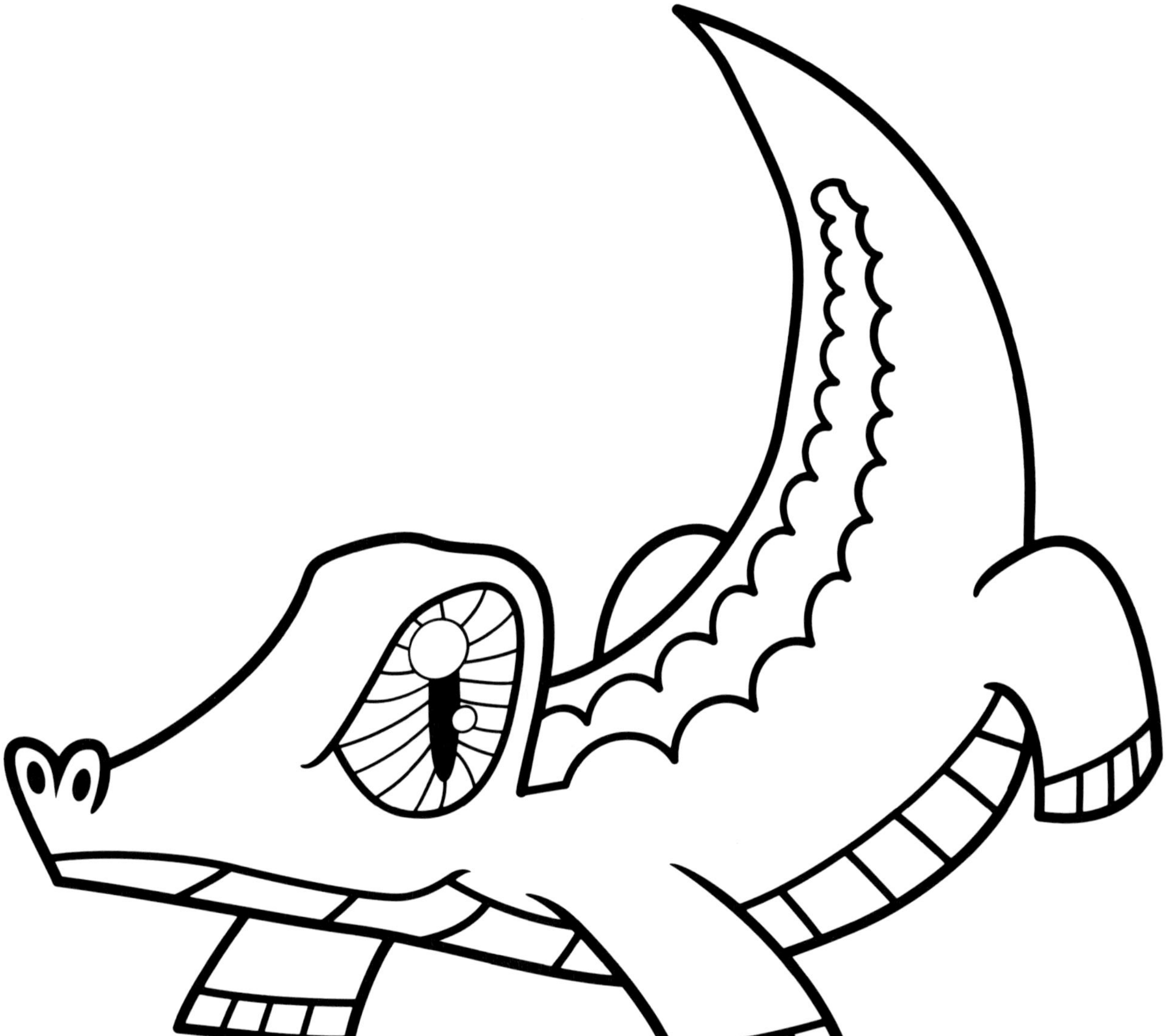

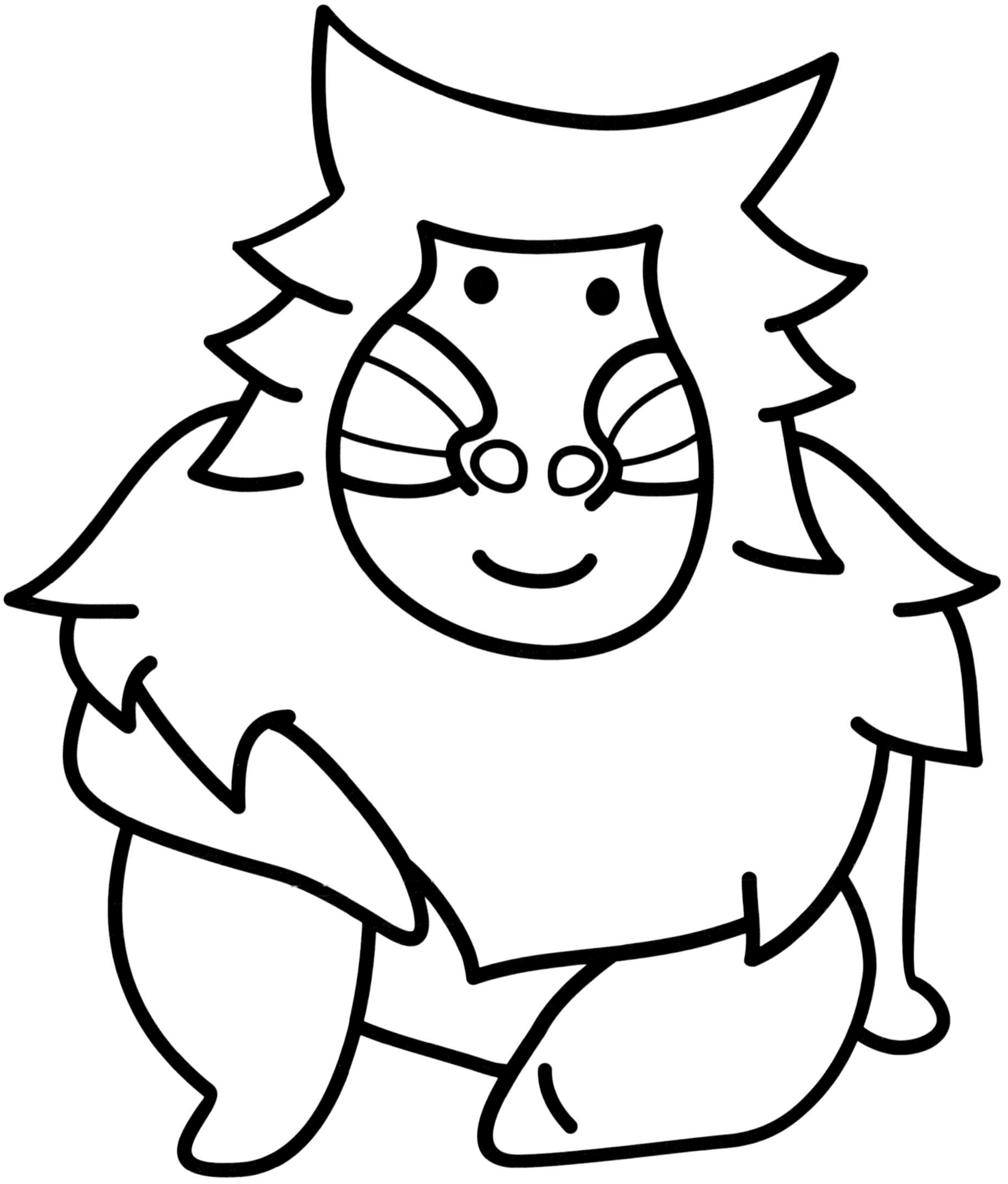

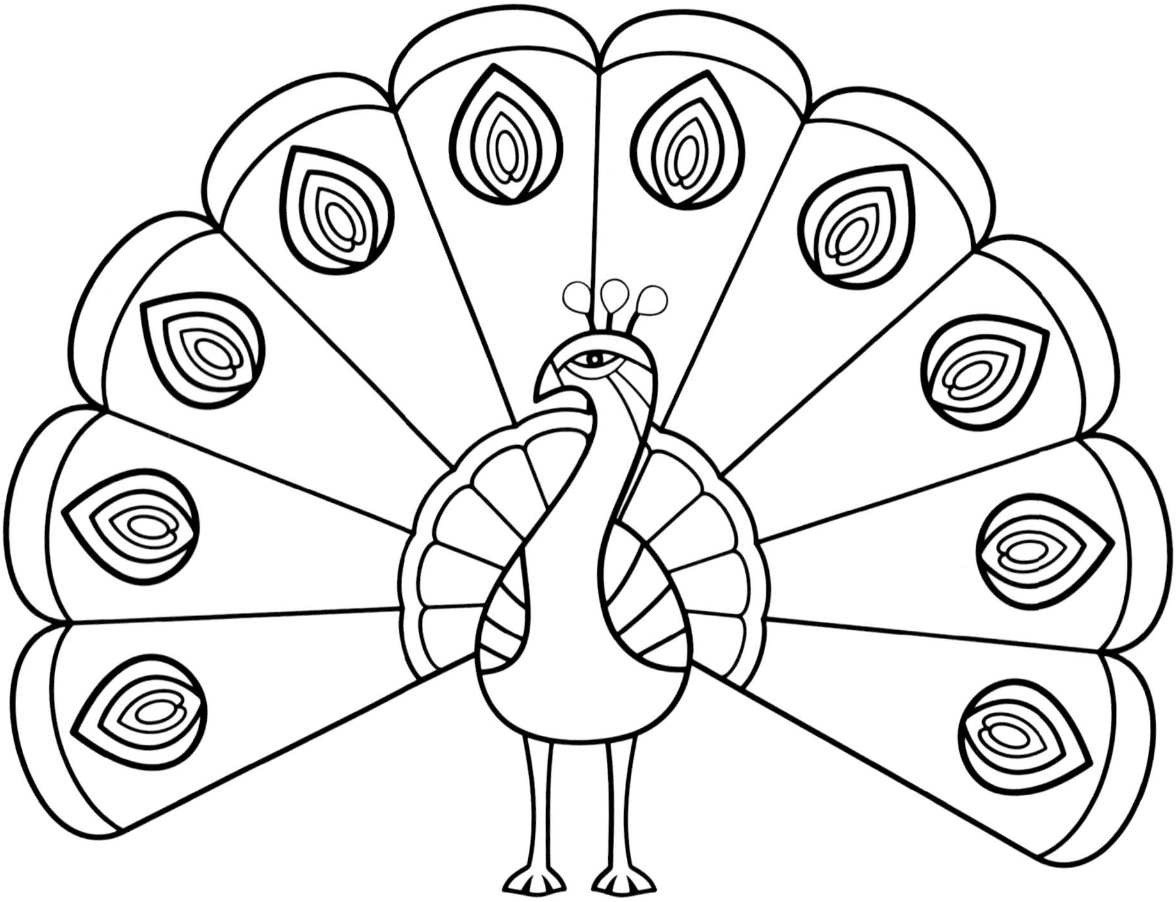

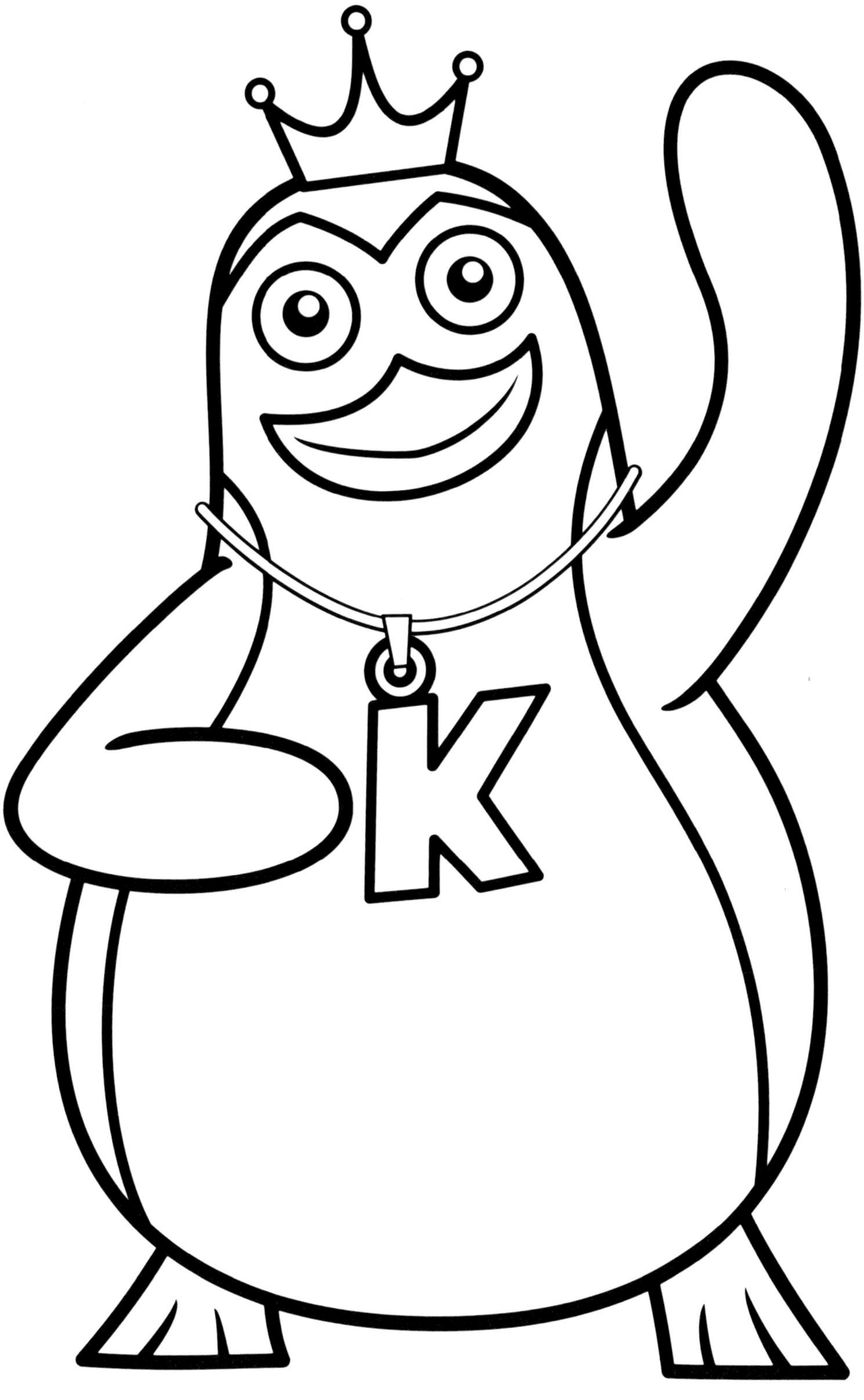
K

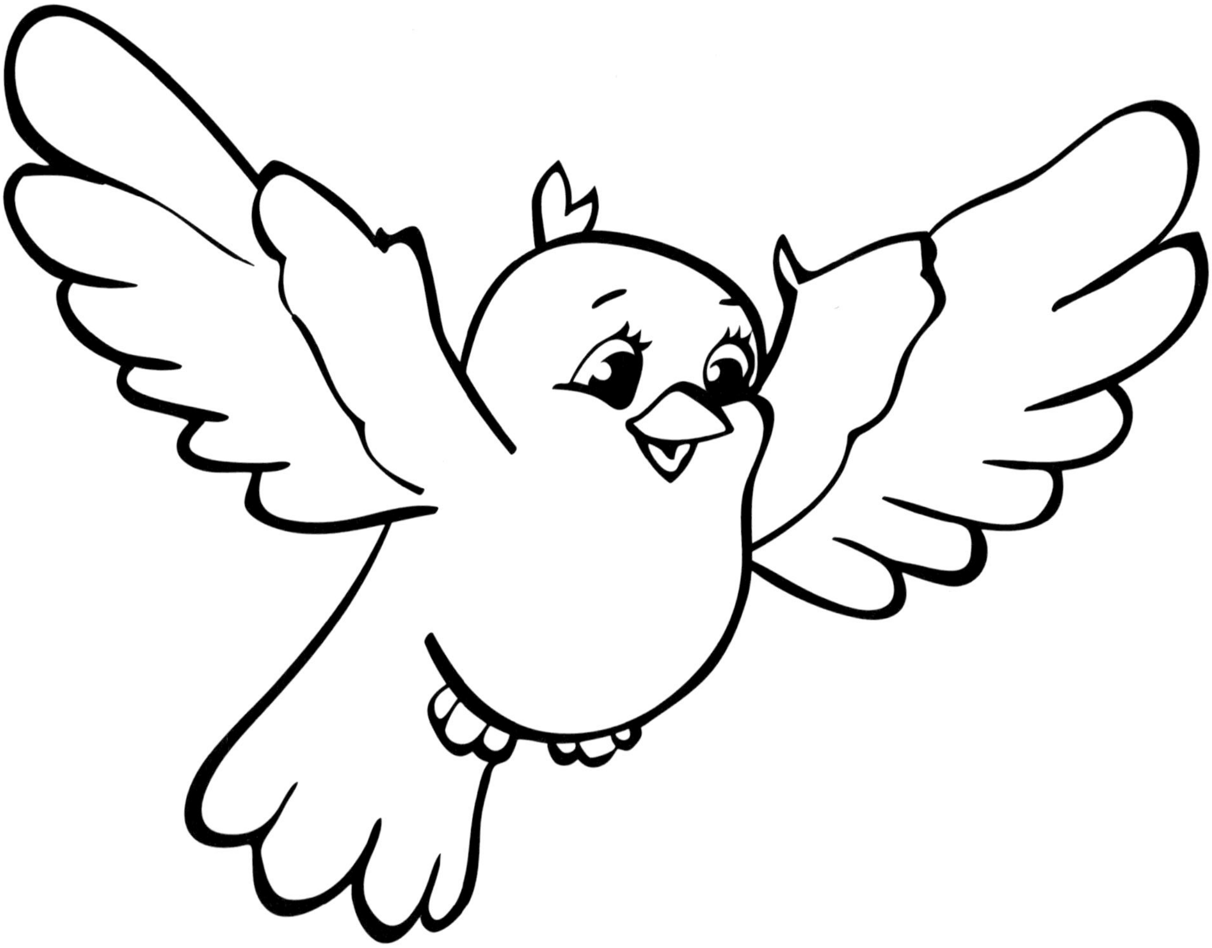

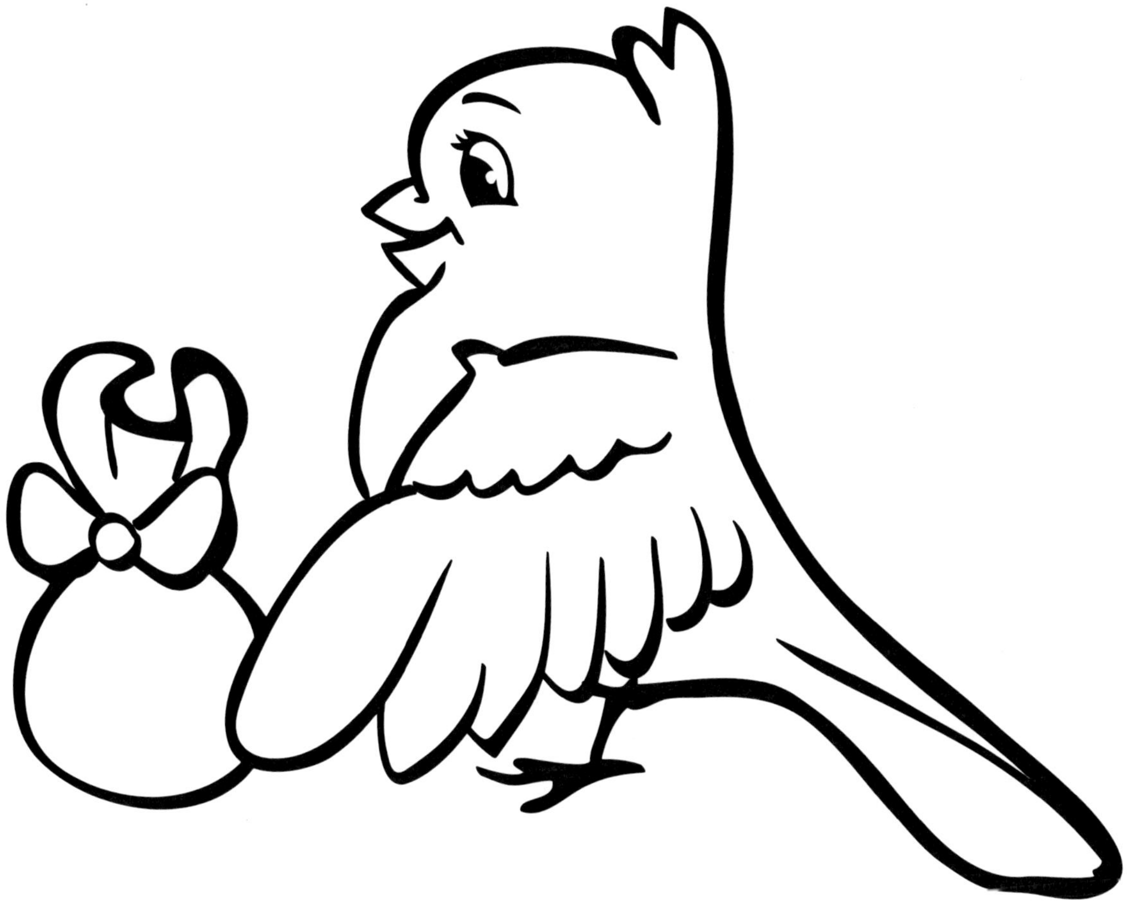

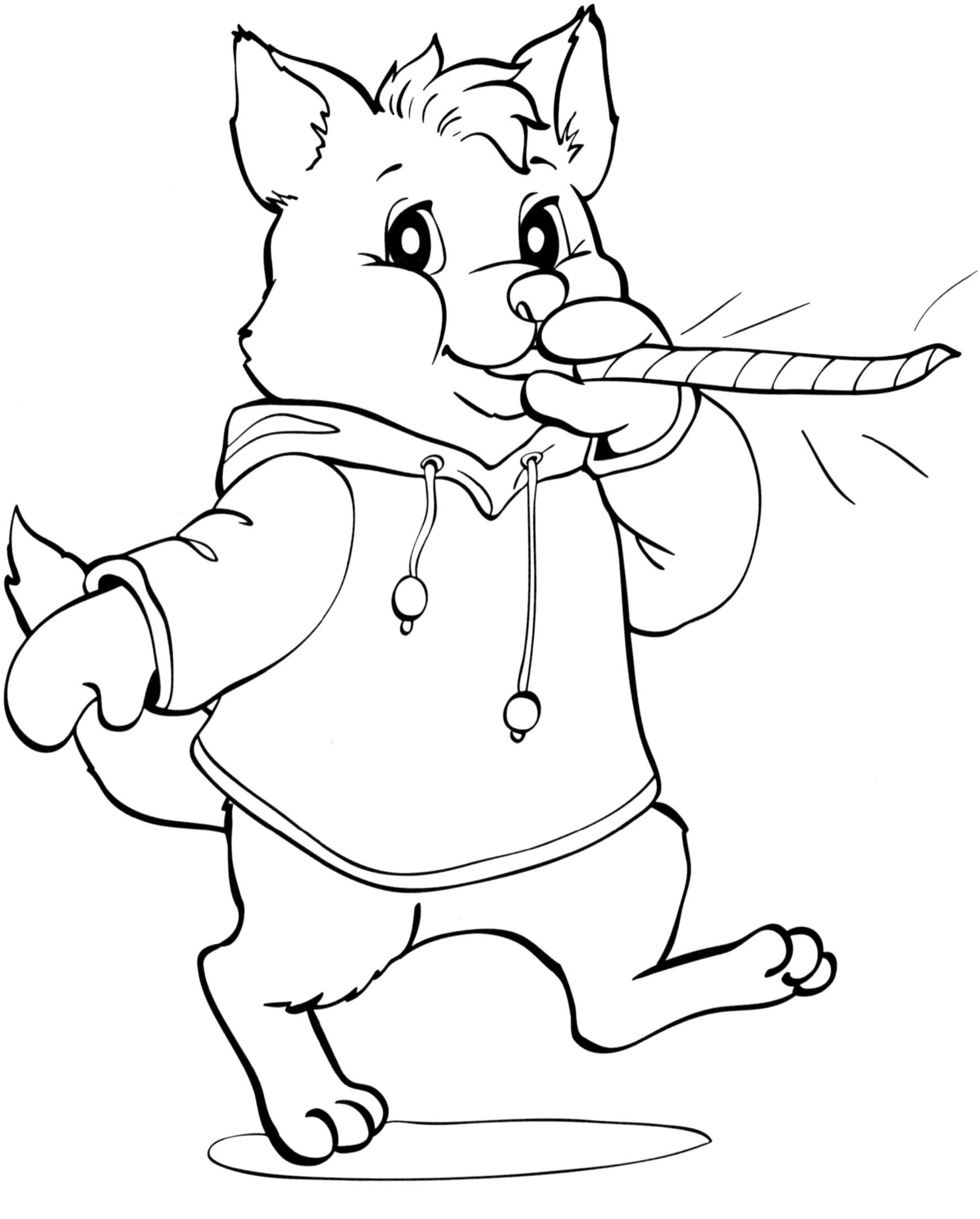

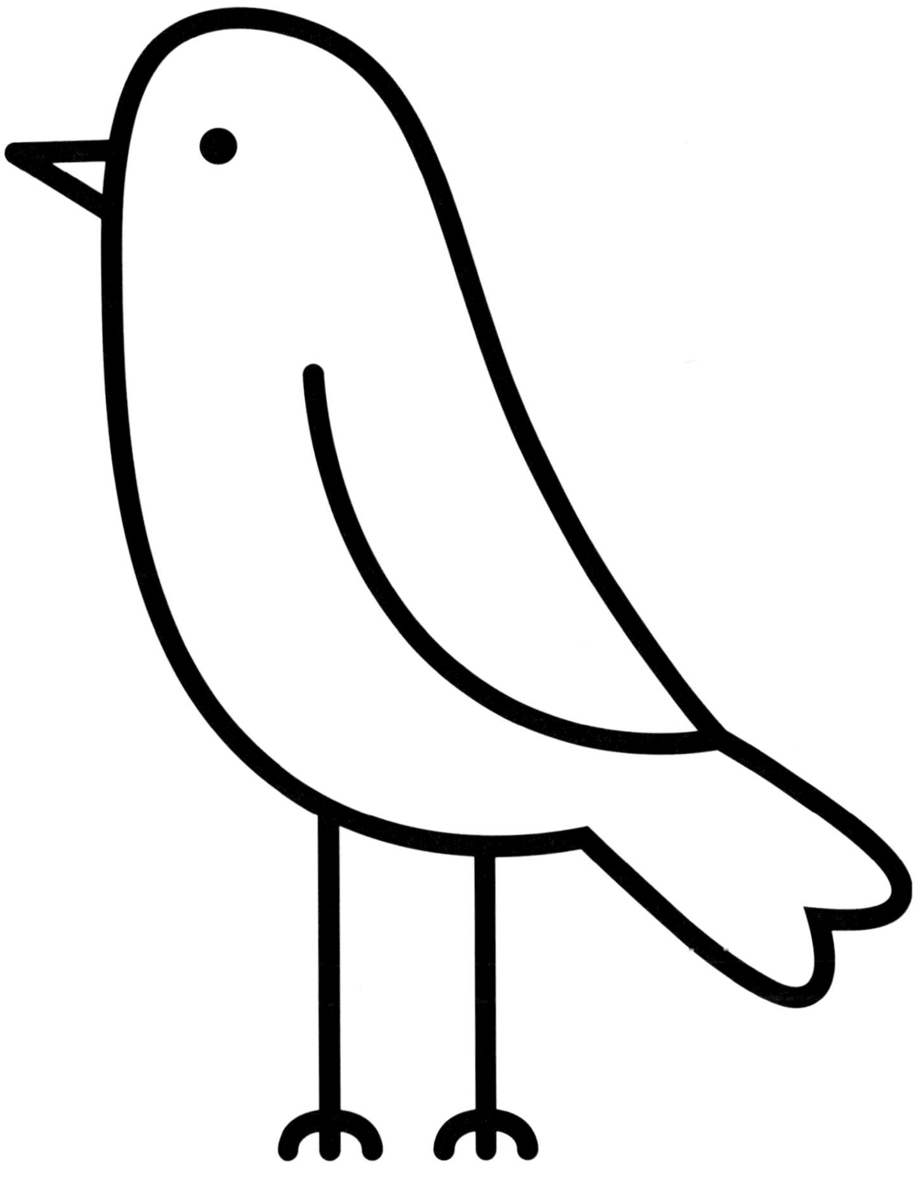

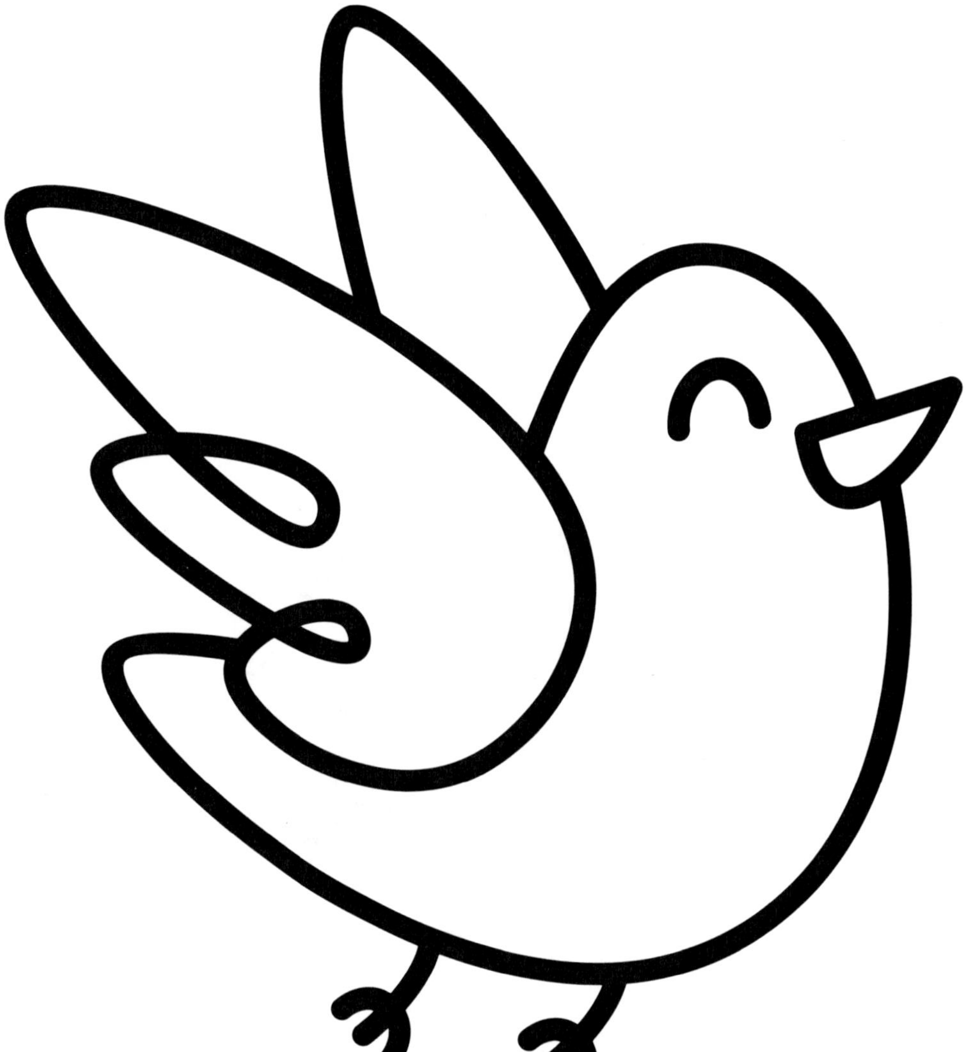

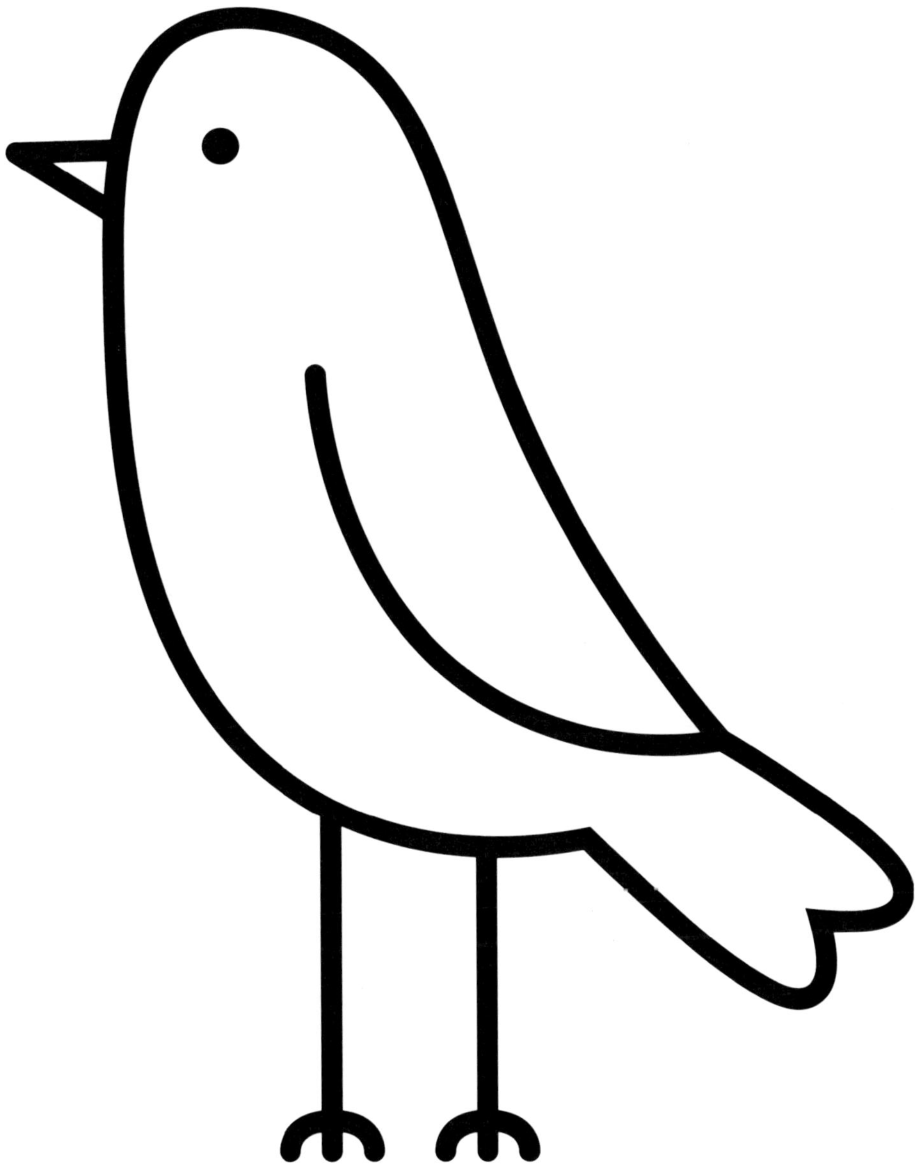

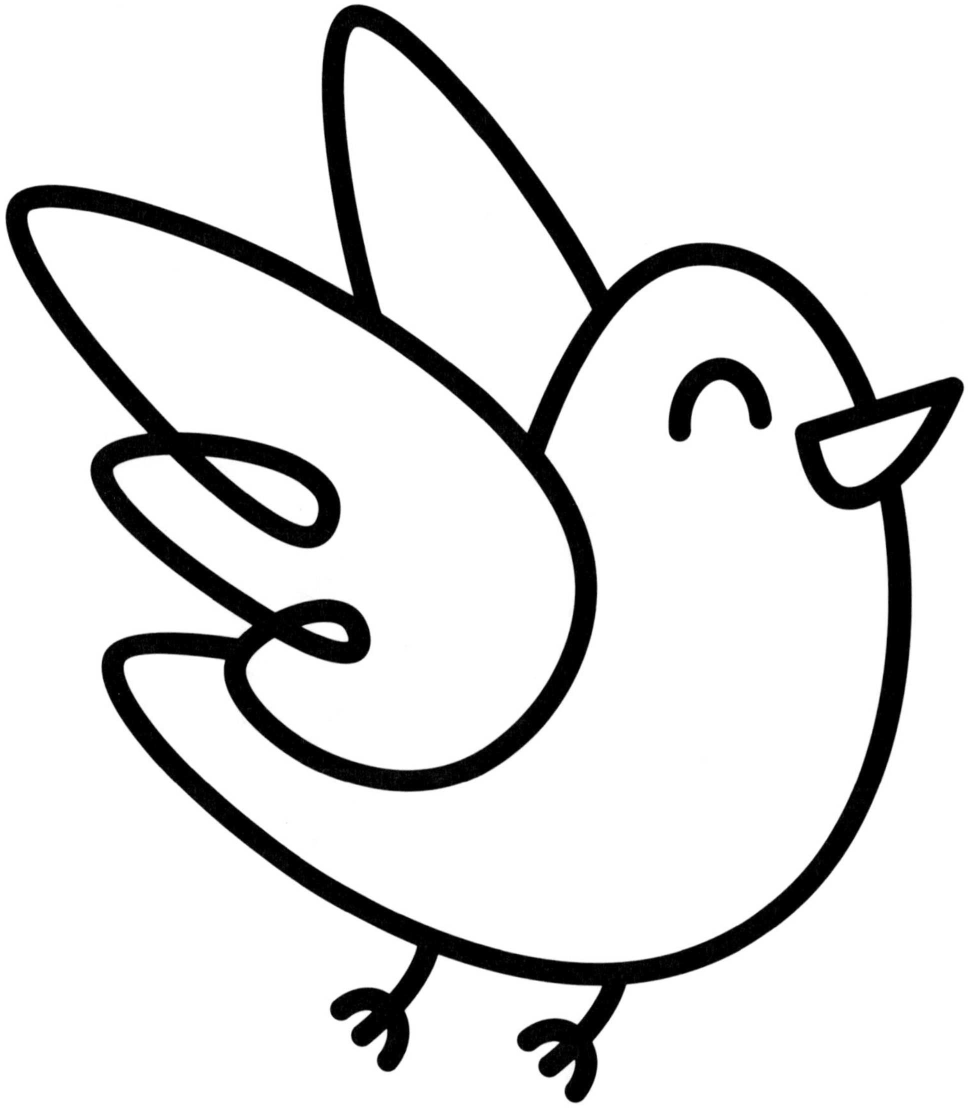

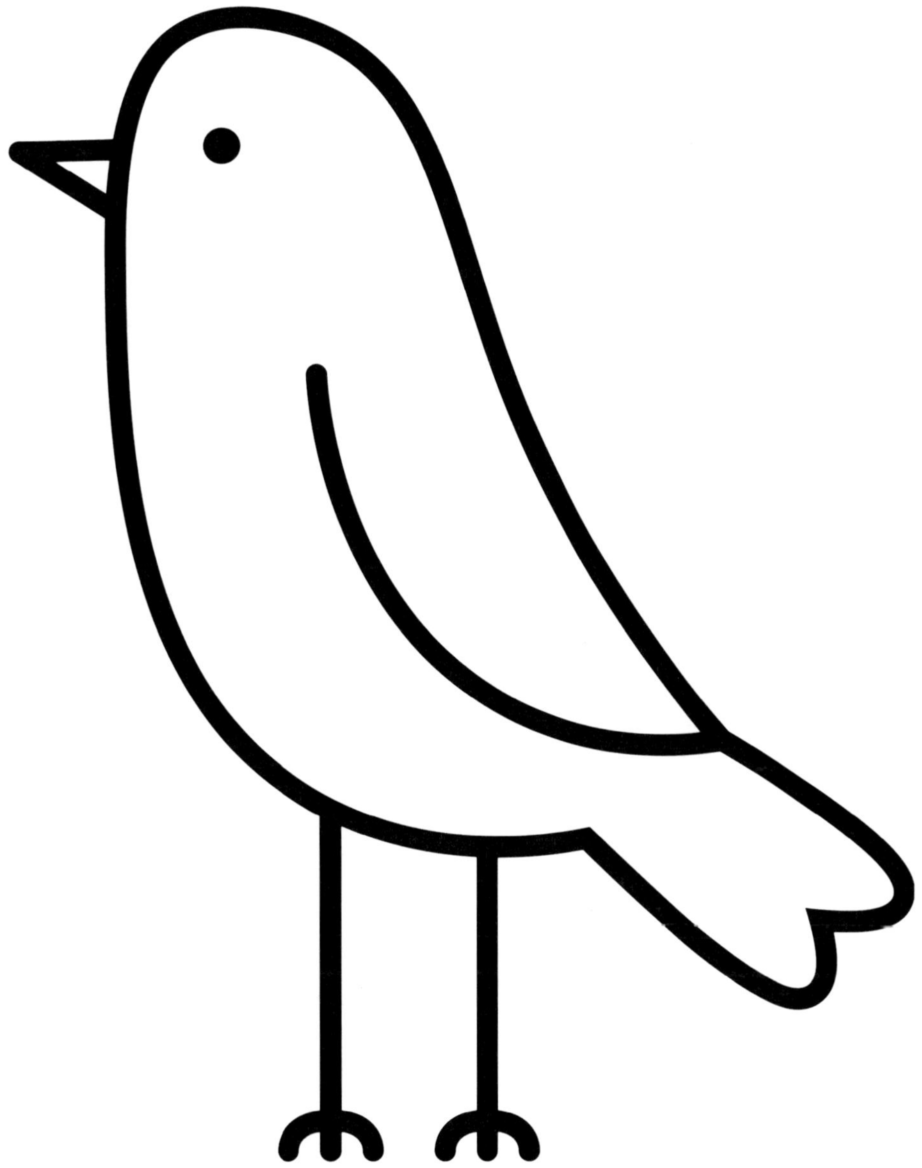

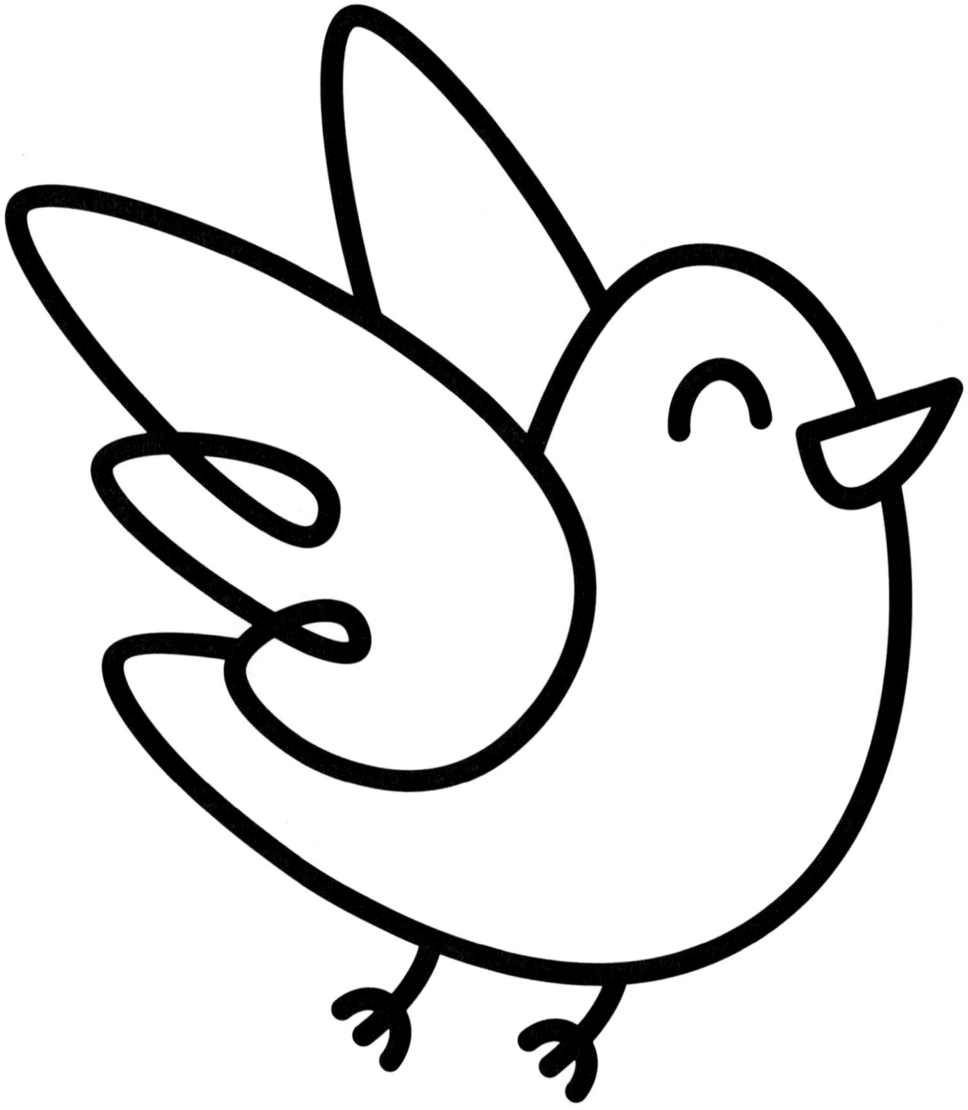